SITUATION COMPARÉE

DES COLONIES FRANÇAISES

ET

DES COLONIES ANGLAISES.

SECOND MÉMOIRE.

SITUATION COMPARÉE

DES

COLONIES FRANÇAISES

ET

DES COLONIES ANGLAISES,

PAR LE BARON CHARLES DUPIN,

PAIR DE FRANCE, PRÉSIDENT DU CONSEIL DES DÉLÉGUÉS DES COLONIES.

PARIS,

TYPOGRAPHIE DE FIRMIN DIDOT FRÈRES,

IMPRIMEURS DE L'INSTITUT,

RUE JACOB, 56.

1844.

SECOND MÉMOIRE.

SITUATION COMPARÉE

DES

COLONIES FRANÇAISES

ET

DES COLONIES ANGLAISES.

Non multa, sed multum.

INTRODUCTION.

Au moment même où le Parlement d'Angleterre votait le célèbre bill d'émancipation, voici dans quels termes j'exprimais, en qualité de rapporteur, l'opinion pleine de sagesse et de raison que la commission du budget (section de la Marine et des Colonies) croyait devoir exprimer, et qui fut partagée par la Chambre des députés :

Rapport sur le budget de la Marine, pour l'exercice de 1834 (Séance du 30 mai 1833).

TROISIÈME PARTIE. — COLONIES.

« Depuis l'époque, encore si rapprochée, où nous avons voté le dernier budget, deux changements graves ont été produits dans le régime de nos

Colonies; le premier, relatif à leur fortune agricole et commerciale; le second, relatif à leur état administratif et politique (1).

« Par le second changement, la situation respective des Blancs et des hommes de couleur est établie, pour les hommes libres, sur le pied de l'égalité. Un régime électif et représentatif est institué dans les quatre Colonies principales, celles de la Martinique, de la Guadeloupe, de Bourbon et de Cayenne. De nouveaux droits concédés vont exciter de nouvelles ambitions, sur un théâtre fertile en passions exaltées. Pour maintenir l'ordre et la paix en présence des libertés effervescentes et d'un esclavage impatient, il faudra plus que de la sagesse et des vertus gouvernementales; il faudra la force matérielle, qui permet à la modération d'agir par le respect qu'inspire la puissance, dès l'instant qu'on n'espère plus l'effrayer ni la renverser.

« La situation deviendra plus difficile pour toutes nos Colonies, par le voisinage des possessions britanniques, aujourd'hui que des expériences aventureuses sont proposées par le ministère anglais, pour changer l'état social de populations entières, et transformer des générations d'esclaves en citoyens faits à prix d'or; et l'on y mettra moins d'années qu'il n'en faut à la nature pour conduire un nouveau-né de l'enfance à la virilité! Quinze ans sont fixés pour changer des mœurs invétérées par trois siècles d'esclavage, et

(1) Loi organique du 24 avril 1833.

substituer l'amour du travail à la passion de l'oi-
siveté.

«Ainsi donc, une période d'innovations va suc-
céder à dix-sept ans de paix, et dans les Antilles
et dans l'île de France. Pour nous, amis de
l'humanité, nous formons des vœux afin que
l'expérience qu'on se propose de tenter soit plus
heureuse que les essais imprudents dus aux premiers patriotes de la révolution française; parce
qu'alors nous pourrons profiter d'un succès dont
nous aurons été témoins.

« Mais, en attendant cette éventualité, il sera
sage de préserver nos Colonies des contre-coups
révolutionnaires que d'aussi grands changements
vont produire dans les possessions britanniques
limitrophes des possessions françaises.»

En rédigeant le rapport dont on vient de lire un
extrait, nous avions été trompés par une première
relation des débats du parlement britannique. Ce
n'était pas quinze ans qu'on accordait à la période de transition, c'était seulement sept années;
et les moyens d'exécution avaient été préparés
avec si peu de prudence; ils avaient été garantis
avec si peu d'efficacité, que dès la cinquième année le législateur, déçu dans son attente et dans
ses prévisions, fatigué de paraître juste à beaux
deniers comptants, dédaignant la foi de ses premiers engagements, enlève aux malheureux colons, sans la moindre indemnité, deux années
d'apprentissage. Il abandonne ainsi complétement
un état transitoire qui ne présentait plus, pour
résultat, que des troubles et des ruines.

La Providence a voulu que la Grande-Bretagne nous devançât dans la plus aventureuse des expériences, afin que la décadence accélérée de ses colonies nous arrêtât sur le bord du précipice : si quelque chose ici-bas peut arrêter le besoin, le bonheur qu'éprouvent des esprits serviles, à copier l'Angleterre dans ses erreurs, dans ses folies, pour complaire à ses exigences !

Chaque année ajoute aux documents officiels qui rendent irrécusables les preuves d'une décadence imprudemment affrontée, et qui la font contraster davantage avec le sort actuel de nos possessions d'outre-mer.

Je me fais un devoir de placer sous les yeux du Gouvernement, des Chambres et du public, le tableau rapide des faits qui, dès à présent, peuvent être authentiquement constatés.

J'indique ici d'avance les *documents officiels* où j'ai puisé mes valeurs numériques, sur la population, l'agriculture et le commerce des Colonies que je vais mettre en parallèle : ce sont, du côté de l'Angleterre, les publications ordonnées par la Chambre des communes ; du côté de la France, les publications annuelles dues aux Ministères des finances et des Colonies.

PREMIÈRE PARTIE.

COLONIES ANGLAISES DES INDES OCCIDENTALES (SUD DE L'AMÉRIQUE).

Rappelons avant tout que 1834 est la première, et 1838 la dernière année de la période dite d'apprentissage ; tandis qu'en 1839 a commencé d'exister l'émancipation générale et définitive.

Faisons maintenant connaître quelle est, depuis ces transformations sociales, la diminution rapide, effrayante, des productions intertropicales, dans les Colonies émancipées.

Production du café dans les Indes Occidentales britanniques.
1re époque : 1831 à 1833.

Production moyenne des trois années antérieures au bill d'émancipation................ 21,856,541 livr.

2e époque : 1834 à 1838.

Production moyenne des cinq années d'apprentissage........................... 17,801,388

3e époque : 1839 à 1841.

Production moyenne des trois années d'émancipation, dont les résultats sont déjà publiés. 11,403,468
Production de la dernière de ces trois années. 9,927,689

Ainsi la culture facile et la simple cueillette du café, les soins les moins fatigants, qui semblent le mieux s'adapter à la nonchalance naturelle aux Noirs, un travail agricole qui, partout ailleurs, occuperait plutôt des enfants que des femmes, les hommes aujourd'hui n'y peuvent suffire! Aussi voyons-nous de ce côté, la décadence la plus rapide et la plus déplorable, depuis l'apprentissage et surtout depuis l'émancipation complète.

Faut-il s'étonner, d'après cela, que la culture plus laborieuse et les travaux plus continus qu'exige la canne à sucre, malgré l'appât des salaires excessifs, n'aient procuré qu'un décroissement déplorable de récoltes, décroissement dont voici la mesure :

Production du sucre dans les Indes Occidentales britanniques.

		Quintaux anglais.
1838....	année qui précède l'émancipation....	3,520,676
1839....	1ʳᵉ année d'émancipation complète....	2,824,372
1840....	2ᵉ année d'émancipation complète....	2,214,764
1841....	3ᵉ année d'émancipation complète....	2,151,217

Diminution de la production en trois années de décadence..... 39 pour cent!!!

La production de 1842 paraît s'être un peu relevée, mais elle laisse encore une décadence égale à..... 30 pour cent.

On prétend expliquer ces tristes décroissements par l'inclémence des saisons. Nous avons un moyen bien simple de vérifier cette assertion; c'est de comparer la production du sucre dans nos deux Colonies des Antilles, avec les Colonies anglaises, pendant les mêmes années.

Tableau comparé du sucre produit annuellement dans nos Colonies des Antilles, depuis 1838.

ANNÉES.	MARTINIQUE et GUADELOUPE RÉUNIES.	PARALLÈLE avec l'année 1838.	
		Augmentations	Diminutions.
1838	57,442,978		
1839	64,170,485	$11 \frac{7}{10}$ p. %.	
1840	53,615,511		$6 \frac{1}{3}$ p. %.
1841	55,885,777		$2 \frac{3}{4}$ p. %.
1842	59,401,435	$3 \frac{4}{10}$ p. %.	
Totaux....		$15 \frac{1}{10}$	$9 \frac{1}{4}$
Augmentation définitive....		$6 \frac{2}{3}$ p. %.	

Par conséquent, depuis 1838, loin que les saisons aient été défavorables, elles ont permis dans les Antilles françaises une augmentation de 15 pour cent, contre une diminution de 9 pour cent.

De 1839 à 1842, il ne faut donc pas attribuer les mauvaises récoltes à l'inclémence des saisons, pour expliquer la décadence effrayante que la production du sucre a subie dans les Colonies anglaises de l'Amérique.

Il est juste de remarquer que toutes les plantations ne présentent pas les mêmes résultats déplorables. Sur *dix-sept* Colonies, on peut à peine en citer trois ou quatre, et de médiocre étendue, où l'on a, par d'incroyables efforts, arrêté jusqu'ici la décadence. On a cité la petite île d'Antigoa ; on a cité pareillement l'île de la Trinité. Mais on aurait dû remarquer que la Trinité ne comptait pas même 9,600 esclaves du sexe masculin, et que depuis l'émancipation, on a fait entrer dans cette Colonie 8,000 travailleurs supplémentaires, dont au moins 6,000 mâles. Tout ce qu'a pu faire cet énorme accroissement de travailleurs, c'est de maintenir les cultures sans diminution trop grande.

Ces cas particuliers exceptés, envisageons maintenant les principales Colonies, qui représentent les trois quarts de la récolte sucrière. Voici leurs produits successifs d'après les tables publiées par ordre du Parlement :

Sucres produits dans les Indes Occidentales, évalués en quintaux anglais.				
ANNÉES	1838.	1839.	1840.	1841.
Barbade..................	473,587	395,109	207,484	257,108
Grenade..................	156,798	117,260	88,982	84,270
Jamaïque.................	1,053,181	765,078	518,541	528,585
Saint-Christophe.........	93,597	135,548	94,390	63,936
Saint-Vincent...........	194,182	151,899	101,020	110,205
Tabago..................	71,621	66,244	51,548	48,164
Demerara................	669,574	440,132	486,487	415,261
Berbice.................	165,726	126,720	93,157	90,063
Sommes.................	2,878,266	2,197,990	1,641,609	1,597,592
Proportion des produits.	100	$76\frac{4}{10}$	57	$55\frac{5}{10}$

Des chiffres donnés par ce tableau, nous déduisons les proportions suivantes :

*Déficit progressif de la production sucrière dans sept des Colo-
nies britanniques les plus importantes, à partir de la fin de
l'apprentissage.*

Années d'émancipation.	Déficit.
1re année.....................	23$\frac{6}{10}$ pour cent.
2e année....................	43 pour cent.
3e année....................	44$\frac{1}{2}$ pour cent.

Ce qui rend bien plus remarquables ces énormes
diminutions, c'est qu'elles ont eu lieu malgré l'en-
couragement excessif que présentait le renchérissement du sucre colonial, opéré par la protection
des lois britanniques.

*Prix moyens officiels du quintal métrique de sucre en
Angleterre, à l'entrepôt.*

1834.... 1re année d'apprentissage............	72 fr.	42 c.
1838.... dernière année d'apprentissage.......	82	90
1839.... 1re année d'émancipation complète.....	96	42
1840.... 2e année d'émancipation complète......	120	83
1841.... 3e année d'émancipation complète......	98	05

*Proportion pour cent de renchérissement du sucre par rapport
à 1834, première année de l'apprentissage.*

	Renchérissement.
1838. Fin de l'apprentissage.....	14$\frac{5}{10}$ pour cent.
1839.	31$\frac{5}{10}$ pour cent.
1840.	66$\frac{8}{10}$ pour cent.
1841.	35$\frac{4}{10}$ pour cent.

Le gouvernement anglais s'est lassé de faire
supporter au peuple métropolitain cette énorme
cherté des sucres : il a commencé, dès la session
dernière, à diminuer une protection exorbitante :
il continuera.

Le prix des sucres anglais provenant des Indes
Occidentales doit donc s'abaisser de plus en plus :

au moment où je parle, il est déjà réduit à 74 francs, de 120 fr., 83 c., prix auquel il s'élevait en 1840.

Il s'abaissera plus encore, et surtout par la concurrence, de jour en jour plus redoutable, que favorise le gouvernement anglais, au moyen des sucres de l'Inde britannique.

Dans l'Inde, la journée de l'agriculteur varie de 25 à 40 centimes; tandis que cette journée, dans les Colonies où les Noirs sont émancipés, n'est nulle part moindre de 1 fr. 50 c., et parfois surpasse le double !!!

Quelque déplorable que soit la situation des Colonies de l'Amérique anglaise, l'avenir est donc encore plus menaçant à leur égard.

C'est ce que découvrent, avec une triste prévoyance et presque avec désespoir, les habitants de la Colonie la plus vaste et naguère la plus opulente.

Voici comment s'exprime le conseil colonial et législatif de la Jamaïque, dans une adresse à la reine Victoria :

Adresse de l'assemblée législative de la Jamaïque à Sa Majesté la Reine de la Grande-Bretagne.

Très-gracieuse Souveraine,

« Nous, les loyaux et féaux sujets de Votre Majesté, composant l'assemblée de la Jamaïque, saisissons l'occasion de renouveler l'expression de notre fidélité et de notre attachement à la personne et au gouvernement de Votre Majesté, en même temps que nous osons lui soumettre un Mémoire représentant la situation malheureuse de cette importante Colonie. *L'expérience d'une nouvelle année vient de nous démontrer, nous le disons à regret, que la condition des propriétaires de cette île devient de jour en jour plus désespérante; nous voyons s'approcher rapidement l'instant où une grande partie des sucreries et des caféières va être abandonnée;* à cet instant, s'éteindront des capitaux immenses qui ont été employés, sans aucune compensation jusqu'à présent, en acquisition d'immeubles et d'usines.

« *Dans presque tous les districts de l'île se manifeste une tendance à délaisser les habitations.* L'enquête faite par les principaux magistrats, d'après l'ordre de l'assemblée, fait connaître des exemples très-affligeants de ruine déjà consommée ou prochaine, qui présagent l'avenir le plus effrayant. Au milieu de ce sombre et universel désastre, nous tournons nos regards avec confiance vers notre gracieuse souveraine et vers un ministère *conservateur;* nous leur demandons d'étendre sur nous la protection que nous revendiquons comme la récompense due à notre fidélité, à notre dévouement, due aux sacrifices que nous a coûté notre concours à l'œuvre bienfaisante de l'émancipation des Nègres. Une réduction des droits sur les sucres bruts et sur les cafés provenant des Colonies anglaises serait d'un grand soulagement pour les possessions de Votre Majesté situées aux Antilles; mais si, en nous concédant ce privilége, on réduit en même temps les droits qui frappent les sucres et les cafés produits par des esclaves, de telle sorte que le dégrèvement puisse porter atteinte à la protection qu'on nous a octroyée, *c'en est fait de la Jamaïque.* Cette ancienne et fidèle Colonie de Votre Majesté subira son sort; les souffrances qu'elle aura endurées pour la cause de la philanthropie, seront rendues stériles, et les chaînes des Africains seront rivées et étendues dans d'autres contrées. Nous supplions donc Votre Majesté d'inviter ses ministres à prendre ces faits en sérieuse considération, et de continuer à ses loyaux colons, les propriétaires et les affranchis de la Jamaïque, une protection réelle et efficace, en excluant du marché anglais le produit du travail des esclaves, afin que l'esclavage et la traite soient atteints et découragés. Nous reconnaissons avec gratitude les dispositions que le gouvernement actuel de Votre Majesté montre à nous accorder de plus grandes facilités pour exécuter un vaste plan d'immigration. Seulement nous craignons que ces mesures ne se réalisent trop tard pour relever notre culture, et qu'elles ne soient pas encore assez larges *pour combler le vide qu'a laissé sur nos habitations la désertion de ceux qui jadis les cultivaient.*

« Nous, membres de l'assemblée de la Jamaïque, sujets soumis et loyaux de Votre Majesté, nous offrirons sans cesse des prières pour que la Providence veille sur vous, afin que vous puissiez régler longtemps les heureuses destinées de votre vaste empire, et favoriser la cause de la liberté universelle; notre cœur autant que notre devoir nous dicte les vœux que nous formons pour le bonheur de Votre Majesté. »

Les ennemis systématiques des Colons, même des Colons anglais, essayeront peut-être de révoquer en doute les souffrances si graves qui sont l'objet des doléances respectueuses que fait entendre ainsi l'assemblée de la Jamaïque !

Afin de convaincre l'incrédulité la plus obstinée, nous citerons les travaux d'un comité d'enquête nommé dans le sein du parlement d'Angleterre, par la Chambre élective. On a constitué ce Comité dans la séance du 22 mars 1842, sur la proposition du ministre des Colonies, lord Stanley, qui fut, en 1833, le principal auteur, le promoteur et le défenseur du bill d'émancipation, dans la Chambre des communes.

Le Comité déclare qu'il ne peut pas regarder l'état présent des Indes Occidentales, *tout insatisfaisant* qu'il est (unsatisfactory), avec un sentiment de désespoir. Il pense que la détresse qui se propage dans ces Colonies est très-grande (very great), et qu'elle exige une attention immédiate. Le Comité ne peut indiquer aucun remède dans lequel il puisse avoir l'extrème confiance de supposer qu'une détresse aussi grave puisse être repoussée avec rapidité. Il annonce, en conséquence, que les seuls remèdes à son avis praticables, seront d'un effet nécessairement tardif.

Malgré des observations si restrictives, le Comité, toujours favorable à la mesure de l'affranchissement des Noirs, à laquelle il décerne les plus grands éloges dans les deux premiers paragraphes de ses conclusions, atteste ensuite avec impartialité la déplorable situation des Colonies anglaises dans les Indes Occidentales. C'est au milieu de la session de 1843 que ses conclusions ont été présentées au Parlement.

Le Comité déclare comme son opinion ,·

« Qu'il est advenu simultanément avec l'amé-
« lioration de la condition des Noirs, une très-
« grande diminution dans les produits essentiels
« et commerciaux des Indes Occidentales britan-
« niques : la diminution s'est étendue à ce point,
« qu'elle a causé de sérieuses souffrances, et, dans
« plusieurs cas, une perte *ruineuse* pour les Eu-
« ropéens qui possèdent des plantations dans les
« Colonies.

« Que cette détresse, beaucoup moins sensible
« dans quelques-unes des plus petites îles, propor-
« tionnellement plus peuplées, cette détresse est
« devenue *si grande* dans les Colonies princi-
« pales de la Jamaïque, de la Guyane anglaise,
« et de la Trinité, que beaucoup de plantations,
« jusqu'alors productives et prospères, ont été cul-
« tivées, depuis les deux ou trois dernières années
« (1839, 1840, 1841), avec une perte considéra-
« ble, et que d'autres plantations ont été *totale-*
« *ment abandonnées.*

« Que les principales causes de cette produc-
« tion diminuée, et de la détresse qui s'en est
« suivie, *sont* : 1° la grande difficulté qu'éprouvent
« les planteurs d'obtenir *un travail solide et con-*
« *tinu ;* 2° le prix élevé par lequel ils sont obligés
« de payer le travail médiocre *et rompu,* qu'ils
« peuvent se procurer !.....»

Voilà donc, même à la Trinité, la ruine qui

frappe les propriétaires, non-seulement parce que
le prix de la main-d'œuvre est énorme, mais parce
que l'extrême cherté du travail n'en garantit pas
même la continuité, ni la régularité, ni la bonté.

Le Comité du parlement d'Angleterre n'a
point pensé qu'il n'existait là qu'un mal transitoire, mal qui s'est accru depuis 1833 où l'on a
voté l'émancipation, jusqu'à 1843, date du rapport; mal aggravé bien davantage depuis 1839 où
l'affranchissement, devenu complet, a manifesté
ses tristes effets dans toute leur étendue. Aussi le
Comité, dont fait partie lord Stanley, l'auteur et
l'exécuteur du bill d'émancipation, ce Comité ne
conçoit aucune espérance d'un meilleur avenir
dans le retour prochain des affranchis au travail
solide et continu.

Aux yeux des hommes d'État dont nous venons
de citer l'enquête et le rapport, le seul remède
praticable serait de remplacer les affranchis qui
désertent les ateliers des colons, par une vaste
immigration d'ouvriers volontaires, demandés à
l'Afrique, à l'Inde et jusqu'à la Chine! Ces ouvriers, on l'espère, suppléeront au travail indis-
pensable que les Noirs affranchis ne font plus ou
font mal, et toujours à des conditions ruineuses.

Comment des écrivains qui doivent compter
pour quelque chose la nationalité du caractère, qui
professent le respect de la vérité, qui se disent
inspirés par le plus pur amour de la vertu, qui
publient leurs pensées dans les journaux les plus
intimes du gouvernement, comment peuvent-ils
consentir à paraître les complaisants de l'Angle-

terre, les clients de ses prétentions, les avocats de ses erreurs, les promoteurs imitatifs de ses expériences même avortées? Comment, dis-je, ces écrivains, pour entraîner notre patrie dans un pareil précipice, peuvent-ils déclarer, aujourd'hui surtout, que les affranchis des Colonies britanniques sont uniquement animés par l'amour du travail? que seulement ces affranchis changent *un peu* d'occupations, pour diminuer tout au plus d'un quart la récolte du sucre, mais en augmentant tous les autres genres de production : ce qui, selon les mêmes publicistes, je n'ose dire économistes, fait plus que compensation dans la richesse totale des Colonies britanniques!...

Ici les documents officiels viennent encore nous prêter leur irréfragable lumière.

Le ministère du commerce (1) de la Grande-Bretagne publie périodiquement la valeur déclarée des produits du Royaume-Uni qui sont exportés pour les diverses parties du monde, nation par nation, et pour les diverses Colonies. Il a publié ces états jusqu'au 1er janvier 1842, et fait connaître les valeurs qu'il a données pour l'ensemble des Colonies britanniques des Indes Occidentales, depuis l'émancipation définitive; les voici :

Produits de l'agriculture et des fabriques des trois royaumes, exportés dans les colonies des Indes Occidentales.

Années.	Valeurs déclarées.
1839	3,986,598 st.
1840	3,574,879.
1841	2,504,004.

(1) The board of Trade.

De ce tableau nous concluons le décroissement des exportations pour 1840 et 1841, comparativement à 1839, et nous le mettons en regard du prix du sucre, sur le marché d'Angleterre : prix favorisé par une excessive protection.

Décadence progressive de la vente des produits métropolitains, dans les Colonies anglaises, depuis l'émancipation.

	Décroissements.	Prix du sucre.
1re année	0	48 f. 21
2e année	10 $\frac{3}{10}$ pour cent	60 41 $\frac{1}{2}$
3e année	37 $\frac{2}{10}$ pour cent	49 02 $\frac{1}{2}$

Prix moyen du sucre colonial avant l'émancipation, pour 15 années.......................... 34 f. 11 c.

Ainsi, dès la seconde année d'émancipation complète, quoique le prix du sucre s'élève presque *au double* du prix moyen antérieur à l'émancipation et à l'apprentissage, cette énorme cherté ne suffit pas à compenser l'appauvrissement qui résulte de la diminution des travaux. Aussi les Colonies anglaises ne peuvent-elles plus acheter, dès 1840, que les neuf dixièmes de ce qu'elles achetaient en 1839.

En 1841, le prix du sucre est encore un peu plus élevé qu'en 1839 ; néanmoins, en deux ans, les travaux, ralentis davantage dans leur ensemble, et non pas uniquement pour le sucre, ne permettent plus d'acheter que *les trois cinquièmes* des produits britanniques importés deux années auparavant dans les colonies des Indes Occidentales.

Voilà quelle est, sans rien atténuer, sans rien exagérer, la situation officielle de la ruine éprouvée par les colonies de l'Angleterre, et le contre-coup déplorable que cette ruine a fait sentir aux manufactures de la mère-patrie ; manufactures dont les exportations n'ont pas pu diminuer, ainsi que les importations de produits coloniaux, sans que la marine britannique ait éprouvé par cela même un énorme détriment.

Dans tous les rapports officiels ou simplement officieux publiés sur les résultats de l'émancipation, nous avons remarqué les tableaux complaisamment étalés des comforts de toute nature, et surtout des vêtements de la population noire, c'est-à-dire des neuf dixièmes de la population qui compose les colonies émancipées.

A coup sûr, les affranchis, qui ne consentaient pas à continuer le travail agricole, à moins de deux francs, de trois francs, et même *de quatre francs par jour*, ont dû trouver dans l'excès de leur salaire un moyen de se vêtir, non-seulement avec suffisance, mais encore avec un luxe inaccoutumé.

Mais cet excès même de paye n'a pu déterminer au travail qu'un nombre de Noirs décroissant avec rapidité ; mais la ruine accélérée des colons n'a pu permettre de continuer longtemps l'extravagance de pareils salaires. Aussi voyez quel décroissement rapide s'est opéré dans la consommation des tissus et des peaux consacrés aux besoins vestiaires dans les Colonies des Indes Occidentales :

*Tissus et peaux envoyés de la Grande-Bretagne pour la con-
sommation des Colonies des Indes Occidentales.*

TISSUS ET PEAUX.	1839.	1840.	1841.
Tissus de coton..	1,341,678	1,284,649	633,442
— lin et chanvre.	349,812	332,033	231,686
— laine........	84,833	90,847	62,919
— soie.........	38,467	56,233	23,155
Peaux..........	171,005	121,133	102,834
Totaux...	1,985,795	1,884,895	1,054,036

*Diminutions successives des tissus et des peaux destinés aux
populations des Indes Occidentales britanniques, à partir
de l'émancipation complète.*

De la première année à la seconde. 8 pour cent.
De la seconde année à la troisième. 47 pour cent.

En découvrant cette diminution de 47 pour
cent sur les peaux et les tissus nécessaires aux
vêtements de la population des Colonies anglaises,
qu'on la rapproche des cris de détresse arrachés
aux colons par la désertion des travailleurs affranchis, qu'on la rapproche encore des aveux si
douloureux à faire et si nettement exprimés par
le Comité de la Chambre des communes, sur le
travail intermittent, *rompu* (broken), imparfait
des affranchis ; qu'on y joigne l'appel désespéré
d'une population nouvelle, pour suppléer à l'i-
nertie, à la fainéantise croissante des Noirs émancipés, alors on concevra que le travail diminuant
ainsi que les salaires, il faut, de toute nécessité,

que les vêtements diminuent en proportion pour des ouvriers qui s'éloignent de plus en plus du travail. Voilà quelle est au vrai la situation de la population nègre, depuis l'émancipation complète.

SECONDE PARTIE.

COLONIES FRANÇAISES.

Depuis 1830 nos Colonies ont souffert aussi, mais par de tout autres causes que les Colonies britanniques; elles ont été, pour ainsi dire, *appauvries officiellement et d'autorité* par l'immunité sans excuse accordée au sucre de betterave, en violant le pacte colonial, au mépris de toute équité.

Mais, comme l'état social de nos Colonies n'était pas encore détruit par la base, le travail n'a pas disparu. Les colons ont doublé d'efforts, d'activité, d'industrie. Leur courage a reçu sa digne récompense, et nous allons en montrer les résultats; ils sont avantageux surtout à la classe laborieuse de nos Colonies.

Un des indices les plus certains du bien-être ou du malaise des populations est donné par l'étendue des dépenses qu'elles peuvent consacrer à leurs vêtements. Cet indice devient plus important encore à considérer dans nos établissements d'outremer, pour le mettre en parallèle avec les résultats donnés sur le même sujet par les Colonies anglaises, et précédemment rapportés.

Dans nos Colonies, la totalité des objets nécessaires à l'habillement est envoyée de la métropole, et soigneusement consignée dans les états de douane, publiés chaque année par le ministère des finances.

J'ai commencé par mettre en parallèle les sommes consacrées à l'achat de diverses espèces de tissus, à trois périodes décennales consécutives, en prenant ensemble les quatre premières années de chaque période.

1°   de 1820 à 1823.
2°   de 1830 à 1833.
3°   de 1840 à 1843.

Si l'on ne consultait que les valeurs officielles des produits d'industrie nécessaires aux vêtements, on en conclurait un accroissement que l'imagination aurait peine à concevoir.

En comprenant seulement la dépense des tissus de soie, de laine, de lin, de chanvre et de coton, et celle des peaux ouvrées, on trouve en nombres ronds, que la France a fourni ses Colonies d'un ensemble de produits dont les valeurs officielles, établies de 1820 à 1843, sont ainsi qu'il suit, par année moyenne :

1re période, 1820 à 1823....... Douze millions et 2/3.
2e période, 1830 à 1833........ Dix-huit millions.
3e période, 1840 à 1843....... Trente et un millions 1/2.

J'ai calculé l'abaissement graduel du prix des principaux produits. J'ai, par là, déterminé la *valeur réelle* des produits nécessaires aux vêtements fournis à nos Colonies ; la voici :

Valeur réelle des tissus et des peaux fournis annuellement à nos Colonies.

1re époque : 1820 à 1823........	11,543,347 fr.
2e époque : 1830 à 1833........	15,524,150
3e époque : 1840 à 1843........	19,267,480

Je dois faire observer que ces valeurs appartiennent à l'ensemble de nos Colonies, qui sont la Martinique, la Guadeloupe, la Guyane, le Sénégal et Bourbon.

Afin de rendre ici les résultats parfaitement comparables à ceux des Colonies anglaises dans les Indes Occidentales, il faut nous borner à nos établissements d'Amérique, c'est-à-dire à la Martinique, à la Guadeloupe et à la Guyane.

Valeur des tissus de coton, de lin, de chanvre, de laine et de soie, et des peaux soit ouvrées, soit préparées, fournis, année moyenne, par la France, à nos Colonies de la Martinique, de la Guadeloupe et de la Guyane.

VALEURS OFFICIELLES.

Années.	Valeur moyenne annuelle.
1820 à 1823.	8,897,335 fr.
1830 à 1833.	13,860,000
1840 à 1843.	19,553,106

VALEURS RÉELLES.

1820 à 1823.	8,897,335 fr.
1830 à 1833.	11,593,955
1840 à 1843.	13,231,616 (1)

Si nous comparons, pour la seule année 1841, la consommation moyenne des populations entre les Colonies anglaises et les Colonies françaises des Indes Occidentales, nous trouvons pour la

(1) Par tête 45 fr. 05 c.

part moyenne qui revient à chaque individu pour l'année 1841 :

Prix réel des tissus et des peaux correspondant à chaque individu,

Dans les Colonies anglaises.	Dans les Colonies françaises.
Par individu... 32 fr. 93 c.	48 fr. 16 c.

Je prévois qu'ici l'on va faire une objection qui semble puissante : si l'on remarque cette excessive infériorité du côté des Colonies britanniques dans la valeur réelle des tissus importés pour chaque habitant, noir ou non, ne serait-ce point qu'on n'a pas tenu compte des réexportations qui peuvent être très-grandes pour les Colonies françaises et très-faibles pour les Colonies anglaises ?

Je me suis assuré, par des recherches directes, si pareille objection peut offrir la moindre réalité. Les résultats ont été tout opposés à cette prévision.

La réexportation annuelle des tissus français importés dans nos Colonies n'équivaut pas à *cinquante centimes* par individu.

Les réexportations des tissus anglais surpassent *dix francs* par individu.

Balance faite des importations et des exportations, il reste donc les valeurs suivantes, dont un observateur attentif appréciera, je l'espère, la signification puissante.

Valeur réelle des tissus et des peaux, réservés, en 1841, pour chaque individu.

Dans les Colonies anglaises.   Dans les Colonies françaises.
22 fr. 93 c.   47 fr. 66 c.

Ce résultat est d'autant plus remarquable qu'en 1841, la loi pour l'égalisation de l'impôt entre nos sucres de canne et nos sucres de betterave n'était pas encore rendue; tandis que les lois britanniques, lois d'une excessive protection pour le sucre des Colonies émancipées, étaient encore en vigueur sans la moindre restriction.

Sur le simple exposé du progrès qu'offre la consommation des objets les plus utiles aux populations, après les aliments indispensables à la vie, quelques personnes élèveront peut-être des doutes relativement à la possibilité de présenter, avec une exactitude suffisante, la valeur réelle des produits si nombreux, si divers et si variables, envoyés, à trois époques différentes, dans nos Colonies d'Amérique.

Sans chercher à rassurer ces esprits soupçonneux, il m'a semblé que le meilleur moyen de dissiper tous les doutes, était de prendre en considération les objets mêmes fournis à nos Colonies, au lieu des valeurs monétaires qui les représentent.

Ici les résultats sont positifs. Les poids officiels des marchandises sont les poids constatés à la sortie par la douane; ce sont les *poids réels*.

J'ai relevé patiemment, pour chaque genre de produits, les poids des marchandises expédiées,

donnés dans les états de commerce que publie
chaque année le ministre des finances. J'en ai
conclu le tableau ci-joint, pour quatre époques
séparées par des intervalles de temps égaux.

*Poids effectif des diverses espèces de tissus et de peaux fournis
à nos Colonies d'Amérique.*

NATURE des Objets.	1819.	1827.	1835.	1843.
Coton..........	107,084	323,522	304,687	586,593
Lin et Chanvre..	321,048	444,476	263,545	348,103
Laines.........	44,674	27,570	28,351	38,769
Soies	8,438	11,323	7,251	5,797
Peaux..........	63,601	205,921	183,806	195,330
Totaux.....	544,845	1,012,812	787,640	1,174,592

On ne doit pas être surpris de voir l'année
1827 présenter une plus grande consommation
d'effets vestiaires que l'année 1835; à cette dernière époque se faisait fortement sentir la misère
des Colonies, produite par la concurrence redoutable de la betterave contre la canne. La concurrence était d'autant plus accablante, qu'à cette
époque, tandis que le sucre de canne payait
49 fr. 5o c. par quintal métrique, à titre de droit
d'entrée, le sucre de betterave *ne payait pas un
centime.* Mais, en 1843, quoique le sucre de betterave ne paie encore qu'un demi-droit, comparativement au sucre de canne, la consommation des
tissus vestiaires reprend la supériorité même sur
l'année 1827.

Du tableau précédent nous déduisons la proportion des poids pour les diverses natures d'effets vestiaires.

TABLEAU comparé du poids des tissus et des peaux envoyés par la métropole pour le vêtement et la chaussure de la population de nos Colonies d'Amérique.

PROPORTION POUR UN MILLION DE KILOGRAMMES.

NATURE. DES OBJETS.	1819.	1827.	1835.	1843.
Coton..........	196,543	319,430	386,846	499,402
Lin et Chanvre..	589,251	438,854	334,601	296,361
Laine..........	81,996	27,221	35,994	33,006
Soie	15,487	11,179	9,206	4,945
Peaux..........	116,723	203,316	233,353	166,286
Total comparable.	1,000,000	1,000,000	1,000,000	1,000,000

Nous voyons par ce tableau que *la soie,* le plus somptueux des tissus, diminue, sans exception, depuis la première époque jusqu'à la dernière. Ainsi, la soie, pendant le quart de siècle qui nous occupe, a fait une partie constamment décroissante du vêtement de nos populations coloniales.

Cela devait être, en effet, à mesure que l'opulence des colons propriétaires disparaissait pour faire place à la simple aisance, et l'aisance pour faire place à la détresse.

La diminution des tissus de laine, qui sont un objet de somptuosité pour les pays chauds, est également frappante.

On pourrait supposer que le luxe, en quittant le drap et la soie, s'est dédommagé sur les tissus les plus fins et les plus recherchés du coton et du lin; c'est ce que j'ai voulu savoir.

Proportion des sommes dépensées pour objets de luxe, par million dépensé pour objets communs.

TISSUS DE LIN OU DE CHANVRE.

Années.................	1827.	1843.
Dentelle, batiste, linon, tulle, gaze, linge de table ouvragé ou damassé, etc.............	89,112 fr.	27,456 fr.
Objets communs........	1,000,000	1,000,000

TISSUS DE COTON.

Mousseline, gaze, tulle, linge de table, ouvragé ou damassé, etc.	21,781 fr.	1,879 fr.
Objets communs........	1,000,000	1,000,000

De ces résultats nous concluons le tableau suivant qui frappera certainement tout esprit observateur :

Diminution sur les produits de luxe de 1827 à 1843.

Tissus superfins de lin et de chanvre, 69 pour cent.
Tissus superfins de coton, 91 pour cent.

Ainsi tout se réunit pour démontrer que les objets de luxe, soieries, dentelles, batistes, mousselines, linons, tulles, gazes, etc., ne forment qu'une part de moins en moins coûteuse, dans l'ensemble des tissus destinés à nos populations coloniales.

En même temps, les quantités de tissus communs se sont considérablement accrues depuis vingt ans, quoique le chiffre de la population n'ait pas augmenté.

La réunion de ces deux faits démontre que c'est généralement la partie inférieure de la société, les travailleurs, les Noirs, en un mot, pour lesquels a surtout eu lieu l'accroissement des tissus communs. Pour se convaincre de ce fait important, il suffirait d'interroger sur les lieux des observateurs impartiaux et capables; mais il est plus satisfaisant encore de voir, comme nous venons de le prouver, le résultat des documents officiels les plus authentiques donner à ce fait l'importance d'une vérité rigoureusement démontrée.

Alimentation.

En reconnaissant, ce qu'il serait désormais impossible de nier, le progrès si remarquable du bien-être relatif au vêtement des populations coloniales, quelques personnes peut-être tourneront leurs soupçons et leurs reproches du côté de la nourriture des ouvriers non libres.

A cet égard, les états officiels publiés par le gouvernement nous fournissent aussi les documents les plus complets et les plus démonstratifs.

La morue consommée dans nos Colonies est l'aliment spécial des esclaves ; cette nourriture animale est pour eux ce qu'est la viande pour nos travailleurs d'Europe.

On trouve dans les tableaux de population, de

culture, de commerce et de navigation, publiés chaque année par le ministère de la marine et des colonies, un tableau qui fait connaître, 1° les quantités de morue importées dans nos Colonies ; 2° les quantités réexportées ; 3° les quantités consommées.

Le ministère de la marine présente les chiffres suivants, pour trois périodes consécutives :

Morue consommée annuellement, depuis 1830, dans nos Colonies des Indes Occidentales.

Périodes.	Années.	POIDS de la morue consommée.	POIDS moyens annuels.	Accroissements successifs.
		kilogr.		
1re.	1830.	7,895,704		
	1831.	8,031,794	8,080,744½.	
	1832.	7,901,921		
	1833.	8,493,679		
2e.	1834.	7,796,647		
	1835.	9,112,445	8,487,982.	407,238
	1836.	8,127,786		
	1837.	8,915,050		
3e.	1838.	9,350,609		
	1839.	9,483,312	9,299,916.	811,934
	1840.	10,191,770		
	1841.	9,173,965		

Par conséquent, de la première période à la seconde, la consommation est augmentée de 407,238 kilogrammes, année moyenne ; et de la seconde période à la troisième, la consommation est augmentée de 811,934 kilogrammes, c'est-à-dire, du double.

La nourriture animale, la seule dispendieuse à l'égard des Noirs, dans nos Colonies, s'est donc accrue dans la proportion la plus sensible depuis 1830 jusqu'à 1841, la dernière année pour laquelle nous possédions des documents officiels qui soient complets.

Accroissements de 4 en 4 ans, entre 1830 et 1842.

De la première période à la seconde............ 5 pour cent.
De la seconde à la troisième................ 10 pour cent.

Si l'on divise la quantité totale de morue dans la dernière période, par le nombre des esclaves, ou trouve pour consommation de chaque individu de tout âge et de tout sexe, année moyenne, 50 kil. 63 centièmes.

Les derniers tableaux publiés par le ministère de l'agriculture (*Archives statistiques*), donnent pour consommation annuelle des populations urbaines de France, un poids de viande beaucoup plus grand que pour les populations agricoles : 50 kilogr. 41 centièmes.

Ainsi, par un rapprochement remarquable, les esclaves nègres reçoivent une quantité de matière animale, qui se trouve être de quelque peu supérieure à celle de nos populations urbaines, et *trois fois aussi grande que* celle de nos populations de la campagne.

A l'égard des aliments végétaux, non-seulement les nègres récoltent tout ce qu'exige leur propre subsistance, mais les terrains qui leur sont *prêtés* par des maîtres généreux leur permettent de vendre un superflu de vivres assez considérable. Dans les années d'abondance, où ces vivres tombent à vil prix, les maîtres les achètent et les payent *plus cher* que les prix courants, afin que l'aisance de leurs travailleurs ne soit pas diminuée. Tel est l'esprit paternel de leur administration.

Les Noirs, outre les comestibles végétaux qu'ils ont à vendre, élèvent de la volaille et des quadrupèdes, des porcs, des moutons, des vaches, des chevaux même, qu'ils nourrissent gratuitement sur les savanes de leurs maîtres, qui favorisent toutes ces industries du nègre.

De semblables faits aident à comprendre comment, à mesure que les travailleurs non libres acquièrent plus d'intelligence et d'activité, leur aisance augmente. Cette aisance graduelle les met en état de consacrer de plus fortes sommes pour leur habillement, et surtout pour celui des femmes, auxquelles les hommes apportent une partie considérable de leurs bénéfices, afin de conserver leur tendresse.

Tels sont les effets principaux qui ressortent de l'examen des documents officiels publiés par les trois ministères des finances, du commerce et de la marine.

Ces résultats s'accordent tous pour démontrer le progrès très-sensible du bien-être de la classe nègre dans nos Colonies : progrès d'autant plus remarquable qu'il s'est accompli dans un laps de temps où les créoles ont éprouvé des pertes immenses par les injustes immunités trop longtemps concédées à l'exploitation privilégiée des sucres de betterave.

Loin de moi de présenter le spectacle de ces heureux progrès comme un motif *de s'arrêter* dans la carrière où l'humanité s'applaudit de voir nos Colonies avancer à grands pas, *et de leur propre mouvement.*

Loin de moi, pareillement, de présenter des progrès *matériels* comme suffisant au bonheur des individus, même chez une classe encore dans l'enfance de la civilisation.

J'ai montré dans mon premier mémoire que des progrès moraux et religieux déjà remarquables commencent à s'opérer; j'ai signalé ce qui manque de ce côté, le bien qu'on cherche à produire, les efforts que font les maîtres, et quelle perspective est offerte à leurs succès.

Je ne cesserai jamais d'encourager de tels perfectionnements, qui ne peuvent rendre les Noirs meilleurs qu'en les rendant plus laborieux et plus dignes d'un avenir fortuné, qu'il faut leur apprendre à mériter; d'un avenir qu'on chercherait en vain à leur procurer par des mesures violentes, intempestives et prématurées. Ici l'humanité ne peut arriver au succès qu'appuyée sur la prudence et dirigée par la sagesse.

Si le Gouvernement ne veut pas perdre ses Colonies; s'il ne veut pas renoncer à des ports admirables, soit pour la paix, soit pour la guerre; s'il ne veut pas blesser à mort notre commerce maritime, et faire éprouver à notre force navale un affaiblissement irréparable, nous osons affirmer qu'il entrera dans cette carrière de raison, de sagesse, de prudence et de circonspection, d'où tant d'efforts téméraires sont employés pour le faire sortir irrévocablement.

———

3